NOTICE

SUR

LES ILES DE BOMBA ET PLATE,

LE GOLFE DE BOMBA ET SES ENVIRONS,

AVEC LA RELATION D'UN VOYAGE SUR LA COTE DE L'EST ET SUR CELLE DE L'OUEST

DE LA RÉGENCE TRIPOLITAINE,

PAR

M. Charles-Edouard GUYS,

ANCIEN CONSUL DE FRANCE EN ORIENT,

MEMBRE DE PLUSIEURS SOCIÉTÉS SAVANTES.

MARSEILLE
TYPOGRAPHIE-ROUX, RUE MONTGRAND, 12.

1863

NOTICE

sur

LES ILES DE BOMBA ET PLATE.

NOTICE

SUR

LES ILES DE BOMBA ET PLATE,

LE GOLFE DE BOMBA ET SES ENVIRONS,

AVEC LA RELATION D'UN VOYAGE SUR LA COTE DE L'EST ET SUR CELLE DE L'OUEST

DE LA RÉGENCE TRIPOLITAINE;

PAR

M. Charles-Edouard GUYS,

ANCIEN CONSUL DE FRANCE EN ORIENT,

MEMBRE DE PLUSIEURS SOCIÉTÉS SAVANTES.

MARSEILLE
TYPOGRAPHIE-ROUX, RUE MONTGRAND, 12.

1863

PRÉFACE.

A partir de la Bible il est parlé avec éloge de la Pentapole, aujourd'hui le pays de Barcah, dont les anciens firent le jardin des Hespérides, à cause de ses riches produits et du silphium qui faisait leur délice.

Hérodote et Scylax, ainsi que d'autres auteurs anciens, se sont plû à décrire cette contrée avec enthousiasme, car c'était les Indes Orientales dans ce temps-là.

Lorsque notre père fut occuper le poste de chargé d'Affaires et Consul général de France près la Régence tripolitaine, étant nourri des auteurs de l'antiquité et ayant déjà visité l'Orient, il porta encore plus ses vues sur les villes anciennes de la Régence, puisque les fondateurs furent Grecs. Dans les monuments qui nous restent en totalité, ou en partie, on retrouve aussi ceux de l'époque romaine non moins intéressants.

Avant lui personne ne s'était occupé du pays. On n'a que peu de renseignements fournis par l'un de ses prédécesseurs, M. le maire Paul Lucas est un peu plus détaillé, mais on lui reproche de n'être pas toujours véridique.

Pour la Pentapole, l'historien le plus moderne et le plus instructif est Pacho. Il avoue, toutefois, n'avoir pu étendre ses investigations à cause des soupçons dont il était l'objet et qui le faisaient passer pour un émissaire de Méhémet-Ali. Il avoue aussi que ne possédant pas le grec, il n'avait pu consulter tous les auteurs qui parlent de la Lybie.

Guys père avait pour habitude, dans tous les postes qu'il a occupés, de fouiller dans les archives pour avoir connaissance des affaires qui avaient eu lieu et pour y puiser des renseignements quelques fois utiles. Dans les archives de Tripoly, il trouva une note qui arrêta son attention pour en parler dans son ouvrage sur la Régence tripolitaine.

Cette note porte qu'en 1772, la Russie proposa au Pacha souverain de la Régence tripolitaine de lui céder l'île de Bomba, s'obligeant de la payer convenablement et que l'affaire n'eut pas lieu, le Pacha ayant craint d'indisposer contre lui la Turquie et la France.

Ce point devenu politique aux yeux de Guys, lui fit accroître ses investigations sur la Pentapole.

Dans les six années qu'il a passées à Tripoly, il a pu bien étudier tout le pays. Il a visité quelques lieux le long de la côte de l'Ouest et de l'Est sur lesquels il n'avait pu avoir des renseignements précis. Il a voulu tout connaître et tout décrire, et s'il existait quelques lacunes nous les avons remplies. En s'occupant de la science, il a pensé au commerce dont il était le représentant, car il a jugé que les deux sciences pouvaient aller ensemble.

Un travail aussi considérable avec carte et dessins, car il dessinait admirablement, en rend l'impression très dispendieuse, ce qui a arrêté jusqu'à ce jour notre désir de le publier; d'ailleurs, cette partie de l'Afrique était tombée dans l'oubli, considérée comme la plus sauvage de toute la Barbarie.

Les circonstances deviennent aujourd'hui plus favorables.

1° Une commission française est allée par la voie de Tripoly nouer des rapports commerciaux avec le centre de l'Afrique et la Régence tripolitaine y aura sa part.

2° L'annuaire de géographie publié par le savant M. Vivien-de-St-Martin fait sentir le besoin d'un ouvrage complet sur cette Régence et qui rectifie les erreurs commises par les voyageurs.

3° Nécessité qu'il y ait un port intermédiaire, de relâche, entre Malte et le canal de Suez; et le port le plus convenable nous paraissant être celui de l'île de Bomba.

Nous nous sommes attachés à rendre l'ouvrage de notre père moins couteux et tout aussi instructif.

Mais il faut du temps pour l'imprimer et il nous a paru qu'il fallait aller au plus pressé en signalant immédiatement l'île de Bomba et ses environs, comme pouvant être fort utiles aux navires allant et venant du canal de Suez, se trouvant dans ces parages ayant besoin de relâcher.

Nous sommes entrés dans tous les détails pour compléter ceux dans lesquels est entré Guys père qui désirait ardemment que cette île fût rendue à la navigation, surtout pour détruire la piraterie qui a fondé son siége d'avant-poste dans cette partie de la Méditerranée.

Sur cette côte de l'Est de la Régence, d'une longueur de 200 lieues, on y voit comme une providence, le port de l'Ile de Bomba, et le golfe de Bomba qui est vis-à-vis, pour mouillages, les plus convenables.

Il y a bien à l'Ouest, et non loin, le port de Razatin, mais on ne peut y entrer par un gros temps.

Nous donnons une relation de notre voyage le long de la côte de l'Est et en partie de celle de l'Ouest de la Régence, attendu que ces parages sont peu connus.

Ses habitants, comme nous le disons dans notre ouvrage, sont aujourd'hui arabes dans leur état originaire ; mais on pourra, avec le temps, les civiliser, quand ils seront plus en rapport avec les Européens.

Les Américains voulurent s'établir auprès des

deux Bomba, mais ils vinrent avec trop peu de troupes pour pouvoir s'y maintenir. Désireux de posséder un port dans la Méditerranée, nous ne savons pourquoi ils n'ont pas pensé à occuper l'île de Bomba, ayant devant elle le grand golfe de Bomba où leurs escadres pouvaient aller mouiller au besoin. La Russie a été jusqu'à présent la puissance la plus clairvoyante et laissons à une autre de tirer parti des deux Bomba puisque les Musulmans ne s'en soucient guère dans leur apathie de tout laisser détruire et de ne rien innover même dans leur intérêt et encore moins dans des principes de grandeur ou d'humanité.

Nous avons cru devoir ajouter un état sommaire du mouvement commercial de la Pentapôle, en désignant les principaux articles d'exportation et d'importation, sans rapporter les tableaux annexés à l'ouvrage de Guys père, ce qui aurait donné trop d'extension à notre petit travail. Nous avons pourtant rapporté les totaux, afin que par les chiffres on puisse se faire une idée assez précise de ce mouvement, qui n'a guère varié ainsi que nous avons pu nous en assurer, les Musulmans d'aujourd'hui, n'étant pas gens à faire valoir un pays.

La réduction des produits de cette contrée, depuis l'antiquité, indique celle de la population, dont nous produisons le chiffre, sans y comprendre les Arabes nomades qu'on ne peut évaluer.

L'accident qui vient d'arriver au cable électrique, établi de Malte à Alexandrie, nous fait signaler l'Ile-de-Bomba comme pouvant devenir un point intermédiaire. C'est encore un avantage que présente cette position. Nous pensons, au reste, que l'idée peut en être venue à MM. les ingénieurs, mais qu'ils ont été arrêtés par l'état d'abandon et le peu de sureté que présente l'Ile. Il est donc temps, pour les divers motifs que nous avons allégués, qu'on prenne un parti pour l'Ile-de-Bomba, qui devient toujours plus convenable aux relations de l'Occident avec l'Orient.

Nous avons résumé l'historique du canal de Suez du quel nous avons eu souvent occasion de parler et lorsque nous engageons la compagnie des Messageries Impériales de faire de l'Ile-de-Bomba l'une de ses succursales maritimes. Les deux Compagnies, comme l'a exprimé judicieusement S. A. I. le Prince Napoléon, se trouvent aujourd'hui liées et ce lien devant être indissoluble.

Nous rappelons les paroles du célèbre Denon, qui écrivant sur l'Egypte, lors de la campagne glorieuse de Napoléon Ier, jete un coup d'œil sur la Pentapole pour nous faire connaître sa pensée.

« En général cette côte de l'O. contenant la
» petite et la grande Syrte de la Cyrénaique,

» autrefois très habitée, qui a eu des républiques,
» des gouvernements particuliers, est à présent
» une des contrées les plus oubliées de l'Univers
» et n'est plus rappelée que par les superbes
» médailles qui nous en restent. »

T. 1, page 40. Voyage dans la basse et la haute Egypte, par DENON.

Les paroles sentimentales de ce savant électriseront encore plus Guys père se trouvant sur le sol classique, pour en rapporter l'historique d'après les nombreux matériaux qu'il possédait. Le pays avait vu paraitre Alexandre de Macédoine, dont nous pûmes aller saluer le lieu de sa naissance dans nos voyages au Levant. Il a décrit d'après les auteurs anciens, sa marche triomphale dans la Pentapole, allant se faire reconnaitre le fils de Jupiter Ammon pour donner encore plus d'éclat à sa gloire et la faire partager aux peuples de cette contrée en leur accordant sa haute protection.

Nous avons eu occasion, en Orient, d'avoir des entretiens avec des membres de la génération actuelle. Le nom du Grand-Roi est gravé dans leur esprit avec une pleine admiration. Comme l'instruction est bornée chez-eux, ils ne reconnaissent que trois hommes extraordinaires ; savoir : Salomon, Alexandre et Bonaparte. Nous leur déclinames d'autres noms dont ils ne voulurent pas entendre parler, car cela n'entrait point dans leur imagination, malgré leur intelligence naturelle. C'est donc la trinité terrestre pour les Orientaux et un hommage rendu par eux à ces trois grandes célébrités.

L'objet des médailles occupa non moins Guys père. Il avait formé une collection assez considérable. Elle lui fut ravie par le commandant, peu honnête homme, d'une frégate Anglaise, étant tombé au pouvoir de cet armement, en se rendant, par la voie de mer, au nouveau poste qu'il allait occuper en qualité de Consul général en Syrie et Palestine. Il ne lui est resté que les dessins des plus rares pièces, dont il a joint les planches à son ouvrage.

On remarquera dans la relation de notre course maritimes, le long des côtes de la Tripolitaine, que nous y avons ajouté des épisodes du voyage. Ils nous ont paru assez instructifs sur les lieux pour être rapportés. Nous avons fait connaitre comment se pratique la pêche des tortues de mer dans ces parages et mentionné l'agréable surprise que nous eumes auprès du cap Razatin, de voir arriver un bateau pêcheur avec des produits de la mer et de la terre. Les balles de coton attachées autour de notre bâtiment avaient rassuré ces bons marins sur notre compte et nous le fûmes de notre coté, envoyant que nous avions affaire avec de bonnes gens.

LES ILES DE BOMBA

ET PLATE

LE GOLFE DE BOMBA.

>Extrait du manuscrit sur la Pentapole, de Guys père. (1)

Les anciens surent tirer parti de toutes les îles grandes ou petites et même des rochers un peu étendus. Dans les grandes îles, ils voyaient un sol de productions et dans les petites, rapprochées du continent, la meilleure sauvegarde contre les attaques des peuplades barbares menaçant les peuples civilisés, au lieu d'être en Terre-Ferme.

C'est d'après ce système d'isolement et de sécurité, même pour les grandes villes, que les Phéniciens placèrent la capitale de leurs Etats sur le rocher d'Aradus; les Tyriens sur un autre rocher plus au midi de la Syrie. Dans l'Archipel, plusieurs petites îles ont possedé des villes qui n'ont pas moins figuré dans l'antiquité.

Pour en venir aux temps modernes, l'ordre de Malte dut son salut de s'être trouvé sur un rocher pour avoir pu résister à toutes les forces de l'Empire ottoman.

Cet exorde est pour en venir à parler de la petite île

---

(1) M. Guys (Pierre-Alphonse) était le père de l'éditeur et le fils de Guys (Pierre-Augustin), auteur du voyage littéraire de la Grèce et de Marseille ancienne et moderne.

de Bomba, située vis-à-vis de la Pentapole (1) province de la Lybie, aujourd'hui pays de Barcah, qui pour les mêmes motifs fut aussi le siége d'une ville importante.

Cette île rocailleuse n'est pas d'une grande étendue, ni productive, mais par sa circonférence elle présente un port spacieux à l'abri des vents dominants dans la Méditerranée, qui sont ceux du Nord et du Nord-Ouest. Rapprochée de la terre-ferme l'île pouvait facilement s'y pourvoir tout en conservant son indépendance.

C'est ce qui a dû décider les anciens à l'occuper. La Colonie fut fondée par des Lacédemoniens, sortis de l'île de Thera, de la mer Egée. Ils la nommèrent Acédonia, ou Acidonia. La ville reçut le nom de Platœa (2) et eut une certaine célébrité.

Dans l'ancien temps on ne naviguait que le long des côtes et ce fut une commodité pour les navigateurs de rencontrer un bon port vis-à-vis la longue côte lybienne de l'Est, pour y réparer au besoin les avaries de leurs navires et s'y ravitailler.

Nous avons puisé la plupart de ces détails dans Hérodote et Scylax et dans d'autres historiens de l'antiquité. Leurs géographes, comme ceux modernes, y compris d'Anville, font erreur en disant que l'île est à la distance

(1) Le nom de Pentapole provient de deux mots grecs réunis, voulant dire cinq-villes, parce qu'il y avait cinq principales cités dans le pays. Les Arabes ayant fait de la ville de Barcah le chef lieu, lui en donnèrent le nom suivant leur coutume.

(2) Il paraît que les Lacédemoniens donnèrent le nom de Platœa à cette ville en mémoire de celle du même nom en Grèce, qu'ils prirent après un siége des plus mémorables dans l'antiquité, 430, avant J. C.

d'une journée du continent. Nos capitaines ne l'évaluent qu'à environ 4 lieues. Il ne peut pas être question d'une autre île que de celle de Bomba aujourd'hui, puisque dans l'Est, à partir du cap Razatin jusqu'au cap Durazzo où va aboutir la longue côte de la Lybie, dans cette partie, il n'existe que des îlots ou rochers et même fort rares, plus on va dans l'Est. Le savant Mannaret a aussi reconnu que Bomba est l'ancienne Acédonia.

Sa position est devant un golfe qui porte aussi le nom de Bomba, sans que nous ayons pu savoir pourquoi les Arabes ont donné le même nom aux deux points, si ce n'est qu'ils les ont considérés comme n'en faisant qu'un seul par leur rapprochement.

L'île est tout-à-fait dans la partie du Nord-Ouest. Entre cette île et le golfe de Bomba est une petite île plate (1), mais à l'Est. Elle ne paraît pas avoir été habitée, si ce n'est pas quelques pêcheurs quand Platœa existait.

L'opulence qu'acquit cette ville, d'après les historiens, a dû provenir non seulement du passage des navires pour s'y approvisionner, mais aussi d'un commerce d'entrepôt. La Marmarique était alors très peuplée et plus en produits qu'aujourd'hui. Le superflu devait aller à Platœa qui devait donner en échange des marchandises provenant de différentes parties de la Méditerranée.

On voit Platée déchoir sous le règne des Ptolomée. Ceux-ci avaient accordé toutes leurs faveurs au port de Bérinice. Son commerce paraît avoir repris sous les Ro-

(1) Note de l'éditeur. Dans la carte marine de Gauthier (1847.) cette île est dénommée Berda ; mais il s'agit d'un nom arabe ; nous avons su par des Arabes qu'elle se nomme Berdé, qui veut dire, en leur langue, un lieu frais.

mains ; mais l'envahissement de la Lybie par les Arabes lui fut funeste, puisque depuis lors il n'en est plus parlé. Les Arabes n'aiment que les lieux où ils peuvent faire courir leurs chevaux, et l'île de Bomba ne présentait pas une surface suffisante. Il parait que depuis lors cette île étant rédevenue déserte, les Forbans s'en sont emparé et ont continué d'y séjourner. Pour empêcher un retour d'habitants, les Pirates ou les Arabes ont détruit tous les édifices et Platée n'existe plus que dans quelques pans de murailles.

Alexandre-le-Grand, lorsqu'il vint dans la Pentapole a dû, des montagnes de la Marmarique, contempler le rocher de Bomba qu'il avait devant ses yeux, ayant dans ses flancs la ville de Platœa alors florissante. Il a dû alors se rappeler l'orgueilleuse Tyr, qui sur un autre rocher, osa braver ses armes victorieuses. Mais en Lybie il venait y trouver ses frères et la joie se répandit partout, même sur l'île d'Acédonia, qui aurait voulu dans ce moment tenir au continent. Le Grand-Roi traversa la Pentapole entouré d'un peuple énivré de sa venue et lui laissa une grande idée de sa piété et de sa bienveillance, l'ayant vu aller se prosterner aux pieds de la statue de Jupiter Amemon et assurer la République de sa haute protection.

En feuilletant, pour notre curiosité et pour notre instruction, les archives du Consulat de Tripoly, nous avons été bien surpris d'y trouver la note suivante, qui nous a démontré que l'île de Bomba conservait de l'importance dans la Méditerranée. En voici le texte

» En 1772, la Russie fit proposer au Pacha Souve-
» rain de la Régence tripolitaine de lui céder en toute

» propriété, l'île de Bomba. On offrait un prix convena-
» ble ; mais ce prince déclina la demande, craignant que
» cette cession n'indisposât contre lui la Turquie et la
» France. »

A cette époque, la Russie était en guerre avec la Turquie et voulait avoir un port à portée de ses escadres, qui croisaient dans les mers du Levant. Bomba parut lui convenir par sa position rapprochée. Les armements russes y auraient trouvé un refuge en hiver, les moyens de s'y radouber et de s'y ravitailler. Les Arabes du continent n'auraient pas manqué certainement d'y apporter des vivres, bien assurés d'être payés et largement.

Cette circonstance fit que nous en parlames un jour au Pacha actuel, fils du Pacha d'alors, il nous répondit :

» J'ai une parfaite connaissance de cette affaire. Mon
» père, voulant savoir si quelque batiment de guerre
» avait paru dans ces parages, en écrivit au Bey de
» Derne, qui commandait tout le pays de Barcah. La
» réponse fut qu'en effet une grande frégate, sans pa-
» villon, avait longé l'île de Bomba et qu'en suite elle
» était venue mouiller dans le golfe de Bomba ; qu'aus-
» sitôt après, elle avait mis ses canots à la mer, faisant
» sonder dans tout le golfe ; que sa chaloupe fut prendre
» de l'eau au torrent et qu'on n'y mit aucune opposi-
» tion; qu'au bout de trois jours la frégate appareilla
» faisant route à l'Est; qu'il y avait 3 mois de cela ; que
» depuis lors il n'avait paru que des navires de com-
» merce pour cause de mauvais temps. »

Il n'y a donc pas à douter qu'il s'agissait d'une frégate russe venue pour reconnaitre les lieux et que sur le rapport de son commandant qu'ils étaient convenables, que c'est alors que la Russie a fait des démarches pour acquérir l'île de Bomba.

Nous profitâmes de l'occasion pour engager le Pacha à faire habiter l'île et à la fortifier pour en écarter les Forbans, lui faisant observer qu'il serait avantageux pour cette contrée d'y voir les affaires s'y rétablir ; mais nous ne pumes vaincre le système actuel des Arabes du statu quo, quoiqu'en lui démontrant qu'il pourrait établir une douane aux deux Bomba, tandis que leurs ports ne lui rendaient rien.

Puisque la grande île a été habitée, c'est une preuve qu'il y a de l'eau, et nous en avons reçu l'assurance de nos capitaines caravaneurs qui fréquentaient ces parages, ayant destination pour Razatin, mais souvent le vent les poussaient vers cette île, y mouillant à leurs risques et périls. Ils nous ont dit aussi que l'île a dû être boisée, mais que les arbres ont dû être coupés soit par les Pirates, soit par d'autres gens ; qu'il y avait encore des arbustes et beaucoup de plantes aromatiques ; qu'il y avait des terrains cultivables et qu'une petite population pouvait s'y maintenir même sans le secours de la terre-ferme. Quant à son étendue, on lui donne 2 lieues 1|2 de circuit.

Pour se qui est du golfe de Bomba, on nous a assuré qu'il est très spacieux et très pittoresque; que les Arabes qui y habitent sont de bonnes gens.

En général, les Arabes des côtes de la Régence ont conservé l'esprit antique hospitalier. Il faut, pourtant, en exclure les peuplades du fond du golfe de la Syrte, qui, quoique Arabes, sont devenues demi-sauvages.

Mais s'il existe des distinctions à faire dans quelques Tribus, les principales ont conservé le caractère national. Pour s'en convaincre, on n'a qu'à lire les mémoires sur les échelles du Levant, du chevalier D'Arvieux. (1)

Voici le récit de deux faits provenant indubitablement de Pirates sortis du port de Bomba.

1°

Lors de la première guerre entre la France et l'Angleterre, depuis la révolution de 1789, un gros navire américain, vint d'Amérique, avec un chargement de denrées coloniales à la destination d'Alep. Ce batiment était tout neuf et bien équipé. Il prit en retour des marchandises et des passagers pour Marseille, où il comptait prendre une cargaison pour son pays.

Parmi les passagers embarqués pour Marseille se trouvaient notre parent, M. De Remusat, négociant français à Alep et Madame Crozet avec 4 enfants, veuve d'un négociant français à Alep, rentrant en France.

Le navire partit d'Alexandrette en mai et comme au bout de trois mois on n'en avait à Marseille aucune nouvelle, on fit des démarches auprès du Ministre des relations extérieures. Celui-ci ordonna aussitôt aux Consuls

(1) Note de l'éditeur. Parmi les voyageurs modernes qui on parlé des Arabes, nous devons citer le mémoire de l'interprète de M. De Lascaris qui eut une mission du Gouvernement français sous le 1er empire. Il est dit que M. De Lascaris fut reçu aux environs de Palmyre avec distinction et cordialité. Ce mémoire a été publié par M. De Lamartine.

Quant nous résidions en Syrie nous fumes souvent en relation avec les Arabes et nous les avons toujours trouvés affables et conciliants.

auprès des États barbaresques de faire des recherches pour savoir si le bâtiment n'avait pas été capturé par l'un de leurs corsaires. Nous reçumes la même circulaire et nous nous empressâmes d'aller aux informations. Nous pumes nous assurer que les armements de Tripoly n'avaient pris aucun navire américain. Nos collégues de Barbarie nous mandèrent que dans leurs départements respectifs il n'avait point été amené de navire de cette nation.

Le bâtiment avait pu sombrer par quelque accident, mais en été le cas est rare et s'il arrive dans la Méditerranée, il est facile de se sauver en s'embarquant dans la chaloupe, ou les canots du bord, pour aborder à la première terre voisine.

Mais nos doutes sur un fait de piraterie fut confirmé par un capitaine français venu du port de Bomba à Tripoli. Il nous dit qu'ayant été se promener dans l'Ile il avait trouvé, à l'entrée d'une grotte, des outils de fabrique américaine, encore tout neufs, oubliés par les possesseurs qui ne pouvaient être que des pirates, qui après avoir massacré l'équipage et passagers, et pillé le navire, l'auront sabordé, suivant leur usage, pour qu'il n'en fut plus question.

2°

Quelque temps après, un bâtiment sur lequel se trouvait un Consul français, fut accosté dans les parages de l'Ile par une barque bien armée qu'on prit pour un armement tripolitain ayant arboré pavillon rouge. Le Consul mit son uniforme pour se faire respecter. Cette démonstration en imposa au pirate, car il se contenta de prendre des vivres et quelques cordages. — Le Gouvernement français nous ordonna d'obtenir du Pacha une satisfaction s'agissant probablement d'un de ses corsaires. Le Pacha répondit que ses armements n'allaient point croiser du côté de l'Ile-de-Bomba, mais sur les côtes de Sicile; qu'aucun de ses bâtiments battait pavillon rouge, mais celui de la régence à bandes horizontales jaune, rouge et blanc, et qu'il s'agissait très-certainement de quelque bâteau pirate; mais qu'on pouvait toujours s'enquérir *auprès des autres* régences. (1)

Continuation du même sujet par son fils ainé. Voyage sur la côte de l'Est et sur la côte de l'Ouest de la régence tripolitaine.

Nous trouvant dépositaire du manuscrit de notre père, nous avons donné les raisons, dans l'avertissement qui précède notre travail, de produire sans plus de retard ce que Guys père rapporte sur l'Ile-de-Bomba et les environs, dans l'intérêt de la navigation qui va prendre un grand essor dans la Méditerranée orientale.

Lorsque Guys a écrit il n'était question ni des bâteaux à vapeur, ni du canal de Suez, ni du projet du chemin de fer de l'Euphrate. Que d'évènements qui ont eu lieu ou qui vont avoir lieu, qui changeront la face de ce monde et en rappochant les extrémités, ce qui sera véritablement l'une des merveilles de ce siècle!

(1) Note de l'éditeur. Bien des bâtiments périssent des mains des écumeurs de mer et l'on croit en Europe qu'il s'agit d'un fait de mer. C'est bien probable pour ceci dans les grandes mers, mais pour celle de la Méditerranée, surtout dans l'Archipel, c'est la piraterie qui en détruit le plus et c'est une plaie des mers du Levant qui s'étend jusqu'au canal de Malte et que les croisières n'ont pu encore détruire par la raison que les pirates trouvent des remises et il faut les leur enlever.

La Méditerranée qui n'était qu'un grand lac, dès que le canal de Suez sera ouvert, deviendra un grand canal. Que de milliers de navires qui vont traverser cette mer, allant et venant du canal de Suez !

Malte se trouvait le point de relâche pour les bâtiments allant et venant des mers du Levant; mais c'était une navigation bornée et celle d'un lac. Aujourd'hui Malte devient insuffisant pour recevoir les flottes de navires marchands qui vont se présenter et nous avons pensé de rapporter ce que dit Guys père sur le port de l'Ile-de-Bomba et sur le golfe de Bomba comme mouillages intermédiaires de la route dans la manche de la Méditerranée, quand on ne pourra gagner le mouillage de l'Ile de Malte ou qu'on le trouvera trop plein.

Le grand chagrin de notre père était que dans l'hiver des navires n'ayant pu atteindre Malte, en venant du Levant, avaient été jetés dans le fond du golfe de la Syrte et que les équipages avaient été massacrés. Les capitaines ignoraient peut-être qu'ils auraient pu trouver un refuge dans le port de l'île de Bomba ou redoutaient-ils d'y rencontrer un Pirate.

Les rapports faits à Guys ne vont pas au delà de la Pentapole. Il nous interessait de connaitre toute la côte de l'Est et nous en eumes fortuitement l'occasion.

Voici un extrait de notre journal de navigation le long de cette côte et dans l'Ouest jusqu'à Tripoly de Barbarie.

En juillet 1817, nous trouvant à Larnaca en Chypre, nous nous embarcames sur un petit batiment français destiné pour Marseille ; mais devant faire escale à Tripoly de Barbarie.

Quand nous fumes sur les parages de l'île de Candie, le vent de N. O. qui soufflait bon frais, nous y retint pendant 15 jours.

Le capitaine, impatienté de ce contre temps, nous dit : nous allons mettre la proue vers le Cap Durasso, car là dans cette saison nous pourrons trouver les vents du Sud et cheminer.

En effet, en atterant sur la côte de Barbarie le vent nous devint favorable.

Nous avions devant les yeux une terre basse sablonneuse et la côte nous paraissait tirée au cordeau, tant elle était en droite ligne. Cette mer de sable couvrant le terrain, n'était accidentée que par quelques monticules également sablonneux. Le long du rivage nous apercevions de médiocres Oasis. L'ombrage de quelques dattiers y retenait quelques misérables Bedouins, avec un petit troupeau de chameaux et de moutons, formant toute la richesse de ces pasteurs.

Ce tableau nous l'eumes pendant plusieurs jours, car nous cheminions lentement attendu que les vents étaient faibles, mais nous avancions toujours.

Nous nous sommes trouvés obligés souvent de ranger la terre à 2 portées d'un coup de fusil et même auprès d'habitations sans avoir remarqué des dispositions hostiles contre nous. Hommes et femmes sortaient des huttes pour voir sillonner le bâtiment et nous étions aussi un sujet de curiosité pour les chameaux qui levaient la tête pour nous considérer.

Dans quelques anses de la côte que nous venions de parcourir, mais aussi rares que les promontoires, nous y avons vu des nacelles amarées, probablement qu'elle servent aux pêcheurs de l'endroit.

A mesure que nous avancions, la côte prenait un autre aspect, pour nous tirer de la monotonie que nous venions d'éprouver. Nous n'avions plus un vent, qui ayant rasé les sables de la Lybie, échauffées par l'ardeur du soleil, était devenu suffocant et nous pumes, dès devant le port de Djujoub, respirer un peu plus aisément.

Voici la liste des ports devant lesquels nous avons passé jusqu'à l'île de Bomba après Djujoub, Salbun, Soliman, Tablesrun, Bun-El-Ghazab.

On voit qu'ils ne sont pas nombreux. Le capitaine nous dit : ces ports très médiocres n'offrent aucune sûreté pour l'ancrage et si l'on peut communiquer avec les naturels, ils n'ont à vous offrir que quelques moutons et quelques dattes. Il faut avoir des piastres d'Espagne à colonnes à leur présenter, car ils n'acceptent pas d'autre monnaie.

Les petites montagnes pierreuses nous indiquaient que nous approchions des hautes montagnes de la Marmarique.

Nous avions la note des anciens noms des villes de la côte et nous ne cessames d'avoir un porte-vue en mains pendant le jour quand nous étions près de terre, pour voir si nous ne découvririons pas quelques ruines, mais le sable parait avoir tout couvert. D'ailleurs, les villes de cette côte n'ont point marqué dans l'histoire et ont dû être du 3e ordre, car elles ne possédaient pas un territoire étendu et ne devaient être habitées que par des marins.

Enfin, nous arrivames devant l'île de Bomba. Nous avions aussi en vue l'île Plate dite Berda dans la carte Gautier, mais son nom réel est Berdé. Ces deux îles couvrent le golfe de Bomba qui nous a paru très spacieux. Nous avons pu juger que les anciens n'avaient pas mal pensé de tirer parti des deux mouillages et que la Russie avait aussi eu une bonne idée de tirer parti de l'île de Bomba.

Nous engageames notre capitaine d'aller mouiller dans le port de cette île; mais il s'y refusa crainte d'être surpris par quelque pirate. Depuis que nous courions la côte, nos canons étaient chargés et quand nous approchames de l'île de Bomba, il fit charger les fusils et établir un bastingage avec les balles de coton que nous avions sur le pont.

L'île Plate présente une surface verte. Il parait que dans les premiers temps du règne des Arabes dans le Pentapole, les notables du golfe de Bomba y plantaient leurs tentes en été pour aller jouir de cette verdure et du souffle des vents venant de tout coté ; que la dessus ils lui ont donné le nom d'île fraiche. Nous eumes le regret de n'avoir pu mettre le pied à terre dans cette contrée, car, comme nous possédons la langue arabe, nous aurions pu prendre bien des informations des indigènes; mais notre relation pourra être toujours utile par les renseignements que nous fournissons.

Le capitaine nous fit observer que nous nous trouvions dans une mer poissonneuse. En effet, nous vimes beaucoup de poissons entourer le batiment ; notre capitaine considéra que des madragues rendraient beaucoup à leurs propriétaires.

Nous fumes reconnaitre le cap Razatin et de ce point nous avions en vue le port de Razatin, qui est l'échelle de Derne, chef lieu de la province. (1)

(1) Gauthier dénomme le port de Razatin, Derne. Cette ville est inaccessible du coté de la mer et Razatin en est son port. Les Arabes prononcent Rhaz-Thin, soit pour le nom du port, soit du Cap, qui veut dire tête de figuier.

Episode du voyage jusqu'au Cap Razatin.

I.

Comme le capitaine se promenait sur le pont, fumant sa pipe tranquillement puisqu'il n'avait plus le souci des pirates, nous l'abordames et lui dimes : c'est un bel spectacle que le groupe de montagnes boisées que nous avons devant les yeux, dont les versants à notre face viennent plonger dans les eaux de la Méditerranée méridionale avec un air de jouissance.

Ces monts riant semblent sortir du sein des sables de la Lybie, comme un don de la Providence pour recevoir des hommes et des animaux domestiques et les préserver des bêtes féroces qui inondent le désert. L'Etre Suprême étant généreux dans ses bienfaits y a joint de plus des moyens d'existence en abondance.

Oui, nous répondit le capitaine, c'est un grand Oasis, qui nous étonne par sa masse rancognée auprès de la Méditerranée, pour se trouver entre deux mers : celle d'eau et celle de sable. Ces montagnes nous réjouissent d'autant plus que nous venons de longer une côte monotone par son terrain sablonneux et nud. Nous avons présentement un tableau charmant dans des monts qui nous rappelent notre pays; d'ailleurs, c'est déjà une satisfaction pour nous de ne plus suffoquer comme sous la zone que nous venons de quitter.

Une dame française qui se trouvait à bord, allant rejoindre son époux à Tripoly de Barbarie, prit part alors à la conversation.

Elle dit ; « Je crois être encore sur la Terre-promise

» car nous respirons l'odeur d'aromates pour me con-
» sidérer comme étant en ce moment dans les jardins
» de Salomon. Je sais que je vais dans une contrée en-
» core plus suave, puisqu'on vante beaucoup la campa-
» gne des environs de Tripoly. »

La dame dit au capitaine : M. Guys pourra vous donner des renseignements sur la Syrie et sur Tripoly-de-Barbarie, car il est praticien.

Nous assurames cette dame qu'elle verrait avec plaisir les jardins de Tripoly de Barbarie qui valaient bien ceux de la Syrie ; mais saluons Cyrène qui donna, dit-on, le jour à Saint-Marc l'Evangéliste et y prêcha le christianisme, ce grand flambeau de l'humanité.

La dame avait repris courage puisque nous n'étions plus dans une fournaise et que nous étions éloignés des lieux suspects.

L'allégresse étant revenue à bord, il ne fut plus question que de tenir le canot prêt, pour courir sur les grosses tortues de mer, qui se tiennent dans ces parages. On les aperçoit facilement, étant monstreuses et nageant sur l'eau, probablement pour respirer plus aisément, ou étant de la famille des amphibies.

Ces cétacés sont faciles à prendre. Le canot les aborde par derrière, sans qu'ils s'en doutent. On jete une corde à la mer qu'on passe sous le ventre de la tortue qu'on a abordé furtivement et on l'embarque dans le canot, la posant, dans le fond de l'embarcation, sur le dos, afin qu'elle ne puisse plus remuer, et on la délie de suite.

Nous en primes plusieurs et ce fut un régal pour l'équipage en mangeant sa chair. On en servit à table, car la dame ne connaissait que le nom de cet hideux poisson qu'elle ne trouva pas très friand. Mais avec des ameçons attachés à de gros fils qu'on pendait le long de chaque flanc du navire, quand nous marchions avec une petite brise, on prenait les petits poissons dans les espèces délicates, qui nous suivaient et on en servait presque journellement.

Dès que nous fumes sur la côte d'Afrique, car nous étions dans la belle saison et notre navigation avait lieu comme si nous nous trouvions sur une rivière, les thons, les liches et autres poissons se présentaient, mais nous n'avions pas les moyens de les atteindre. Voilà pourquoi notre capitaine trouvait que ceux qui établiraient des madragues sur les côtes de la Pentapole, feraient de bonnes affaires. En hiver surtout les poissons trouvent les côtes septentrionales de la Méditerranée trop froides et ils se réfugient sur celles Méridionales ; d'ailleurs, ils y sont moins inquiétés et ils y pullulent considérablement. Ce mode d'émigration est aussi pratiqué par les oiseaux qui quittent les régions septentrionales pour se transporter en Afrique.

II.

Proche le cap Razatin, nous éprouvames pourtant une petite alerte promptement reconnue illusoire.

Vers 11 heures du matin, le matelot de garde cria à haute voix: « Une barque vient de terre avec la proue » sur nous. » Le capitaine fut prendre aussitôt sa longue vue et la braqua sur cette embarcation. Il ne vit que trois maures, (1) dont deux voguaient avec ardeur et le troisième tenait le timon.

(1) Les Maures sont les anciens habitants de la Barbarie, pour ne pas être confondus avec les Arabes, ils portent un costume différend. Les Maures se sont emparés de tous les arts et les Arabes sont demeurés cavaliers et agriculteurs.

Par précaution on se mit sur la défensive; mais plus la barque approchait, plus on reconnaissait qu'il s'agissait tout simplement d'un bateau pêcheur.

Il nous accosta et nous vimes dans sa calle trois paniers : l'un était plein de fruits, l'autre d'herbages et le troisième de poissons.

Comme orientaliste nous servimes d'interprète. Le capitaine offrit pour toute la marchandise 4 douros (21 fr.) que le patron de la barque accepta. Les trois paniers furent hissés à bord, vidés et rendus. La somme convenue fut jetée dans la barque. Ces bons Maures en s'en allant nous souhaitèrent un bon voyage.

Nous vimes cette embarcation aller droit à deux petites cabanes sur le bord de la mer. Ce doit être leurs habitations. Comme des pêcheurs ne sont pas d'ordinaire des jardiniers, il doit y avoir dans les environs un village, dont les produits terrestres que nous avions sous les yeux prouvent que la culture y est soignée et variée.

Les pêcheurs dans tout l'Orient ont l'habitude, d'aller offrir le poisson qu'ils ont pêché aux bâtiments qu'ils peuvent accoster et d'y joindre des produits terrestres quand ils peuvent s'en procurer, sachant que c'est faire plaisirs aux navigateurs que de leur fournir des subsistances agréables dont ils sont souvent privés depuis longtemps.

Mais on doit toujours être sur ses gardes, dans les mers du Levant, car trop souvent ces prétendus pêcheurs sont de véritables forbans, qui sautent à bord des navires qu'ils voyent hors d'état de leur résister, et là nuit par surprise l'équipage étant endormi ou n'étant pas préparé à se défendre, par négligence des capitaines.

III.

Souvent il y a des futilités dans les voyages qu'on doit pourtant rapporter, car elles fournissent des idées sur les lieux peu ou point connus, ainsi que sur les hommes qui y habitent, pour éclairer le lecteur porté à tout connaitre afin de juger par lui même des contrées et des peuples éloignés des pays civilisés, vivant les premiers encore comme dans l'origine du monde. Pour les Orientaux septentrionaux on retrouve l'esprit des Peslages, dans certaines races. Pour ceux méridionaux, celui chevaleresque, auquel les Barbaresques ont joint, un temps, la spolation tolerée.

Si nous ménageons les Arabes sédentaires, on doit remarquer que nous flétrissons ceux Nomades, quoiqu'ils s'excusent en disant qu'ils sont pillards par nécessité.

Ce point nous rassure sur leur compte à l'avenir. Nous croyons donc qu'en assurant ceux-ci qu'ils pourront rentrer dans les Arabies, (1) sans ne plus être inquiétés, qu'ils retourneront volontiers dans leurs contrées et purgera ainsi l'Afrique et l'Asie centrale de leurs brigandages, comme la prise d'Alger par les Français a purgé la Méditerranée des Corsaires de la Barbarie.

(1) L'Arabie est divisée, comme l'on sait, en trois parties, savoir : l'Arabie Petrée (au Nord) l'Arabie-Heureuse (au Sud) et l'Arabie déserte (à l'Est). L'Arabie Petréc s'étant trouvée la plus exposée aux invasions des Osmansis, ses habitants passèrent dans l'Arabie déserte ou chez leurs confrères en Barbarie. Aujourd'hui l'Arabie Petrée est comme déserte et jouissait anciennement de la plus grande prospérité, car son sol est très cultivable et les monts qu'elle possède lui donnent abondamment de l'eau.

Nous avons vu les Arabes de la côte à l'Est peu hostiles à notre égard, et les Maures de Razatin venir nous offrir des produits de leur territoire et de leur mer. Il ne faut donc point désespérer de civiliser les peuples encore barbares, en commençant par ceux les plus voisins, mais on doit pour cela les fréquenter et obtenir qu'ils soient bien gouvernés, car ce sont les mauvais gouvernements qui ont bouleversé l'Orient.

La lumière qui avait reparu sur cette terre classique sous les Khatifes, fut de nouveau éteinte par l'invasion des Osmanlis, qui devraient s'occuper, aujourd'hui, de rendre leurs peuples heureux par une bonne administration et des lois conformes à l'esprit du siècle.

Nous doublames le cap Tourba.

En naviguant dans le grand golfe de la Sydre nous examinions les bas fonds qu'on dit être des fragments de la fameuse île Atlantique qui s'étendait depuis Malte jusqu'à l'entrée de ce golfe. Malte est, d'ailleurs, considérée comme en ayant fait partie et pour assurer ce fait on montre le côté où eut lieu la dislocation à la suite d'un violent tremblement de terre. Nous avons vu une large voie dans le Sud de Malte qui conduit aujourd'hui à un précipice, battu par les vagues de la mer. Or on n'établit pas une large voie pour aller voir un précipice, puisqu'un sentier eut suffi. C'était donc une route conduisant à une grande ville.

Nous atteignimes le cap Mezurat et de ce point commence une lisière de majestueux palmiers qui nous laissèrent pourtant entrevoir les ruines imposantes de Leptis-Magna. Les palmiers deviennent ensuite plus touffus et forment l'entourage de la ville de Tripoly de Barbarie, l'ancienne Oça, que nous revîmes avec plaisir, l'ayant habitée 6 ans et y ayant retrouvé toutes nos anciennes connaissances. Les Arabes la dénomment Tarabolos-El-Garb. (Tripoly de l'Ouest.) (1)

C'était le même Pacha (du temps de notre père), le Prince Joussouf Karamanli, mais qui avait vieilli et ne tenait plus les rênes du gouvernement avec fermeté. Aussi, quelques années après notre dernier passage à Tripoly, fut-il détrôné au profit de la Turquie, qui reprit possession de la Régence. Mais si la lisière est facile à garder, il n'en est pas de même pour soumettre les Tribus arabes de l'intérieur, toutes belliqueuses, et la seule Tribu des nouaïles pouvant fournir 30,000 chevaux. Il sera bien difficile à la Porte de maintenir de nouveau son autorité dans ce pays par la haine qui existe entre les Arabes et les Turcs. Les Arabes ont toujours voulu être indépendants, ce qui les a fait maintes fois, chasser les Pachas turcs, pour réarborer le pavillon de la Régence et replacer un Karamanli.

Nous fîmes nos adieux à Tripoly de Barbarie et en 1839 aux côtes de la Pentapole, revenant pour la troisième fois de l'Orient, où nous fumes toujours employé par les gouvernements qui se sont succédés en France à partir du 1er Empire, après avoir servi dans ses armées victorieuses.

Moyens pour régénérer l'île de Bomba.

La Russie, comme nous l'avons déjà expliqué, a été la première puissance moderne qui ait songé à tirer parti

(1) Le plus beau monument de cette ville est l'Arc de Triomphe érigé en l'honneur de Marc-Aurèle et de Verrus. Il est le mieux conservé de tous ceux que nous avons vu en Orient.

de l'île de Bomba et après s'être assurée que c'était une position convenable pour le mouillage et la terre ferme voisine offrant toutes les ressources pour les subsistances nécessaires à la nouvelle colonie.

Nous fumes surpris d'apprendre, dans le temps, que les Etats-Unis d'Amérique, qui convoitaient un port dans la Méditerranée, n'ayent pas pensé d'occuper celui de l'île de Bomba, où leurs troupes n'avaient qu'à débarquer et à la fortifier, et certainement toutes les Escadres turques et tripolitaines n'auraient pu les en déloger. En s'emparant de cette île, ils pouvaient aussi établir des fortifications dans le golfe de Bomba et c'était le moyen d'obliger les Arabes du continent à leur fournir des vivres.

Point du tout, les Américains furent débarquer dans le port de Razatin, puis ils marchèrent sur Derne, chef lieu de la province et leur idée était de s'y maintenir, car ils firent construire un grand fort pour tenir la ville en respect.

Comme la troupe n'était pas nombreuse, elle se tint dans les rayons de la ville.

Le Pacha ne voulant pas perdre cette province, la plus riche de la Régence, chargea le Bey de Derne qui s'était refugié à Ben-Ghazi d'employer tous les moyens pour en chasser les Américains.

Ce Bey forma les Arabes en corps de Guerillas et dès lors les Américains se trouvèrent comme bloqués dans Derne.

Cette position n'était pas tenable et l'on s'arrangea avec le Pacha.

Il fut convenu que l'ancien traité de paix serait rétabli

et, par un article additionnel, l'Amérique pouvait avoir un Vice-Consul à Derne pour protéger le commerce des Américains de l'Union. Après cette convention, les Américains évacuèrent Derne et Razatin. On laissa subsister la forteresse de Derne qui en est aujourd'hui la citadelle.

L'île de Bomba depuis quelques siècles n'est plus qu'un désert, servant de repaire aux Forbans. Ceci n'est pas convenable à la navigation dans ces parages et l'empêche de s'y refugier quand elle trouve du mauvais temps en mer.

Sous ce double point de vue, on voit la nécessité que l'île soit habitée, et fortifiée assez pour résister à toute tentative de pirates, lesquels certainement n'y reparaîtront plus, quand ils sauront qu'ils seront reçus à coups de canon.

Lorsque l'ordre de St-Jean de Jérusalem se trouvait à Malte, ses corsaires allaient aussi à l'île de Bomba pour guêter les barques musulmanes qui osaient s'aventurer afin de s'en emparer. Au besoin, ils faisaient des débarquements dans le golfe de Bomba pour se procurer des vivres. Depuis que l'île de Malte appartient à l'Angleterre, les Maltais furent dans le golfe comme amis. Ils y faisaient un commerce assez considérable; mais nous venons d'apprendre qu'ils ne vont plus dans cette contrée pour ne commercer qu'avec Ben-Ghazi où le Gouvernement anglais a établi un Vice-Consul pour protéger tous les nationaux. Il paraîtrait que dans les parages de Bomba on a vu apparaître encore quelque pirate, venant de la grande pépinière qui existe dans les mers du Levant, parce qu'on n'attaque pas le mal dans sa racine.

Pacho dit dans son ouvrage, qu'il fut enchanté en

voyant du haut des montagnes de la Marmarique, la grande rade formée par le golfe de Bomba et l'île de ce nom avec son îlot au milieu pour servir de trône à Neptune protégeant les pêcheurs. Ce voyageur fait aussi l'éloge des belles forêts qu'il a parcourues, toutes productives, car il s'agit d'oliviers, de figuiers, d'amandiers et d'autres arbres fruitiers. Les palmiers avaient leur siège principalement dans les plaines et se montraient en souverains, puisque l'Afrique est leur pays. Partout les terres donnaient des récoltes abondantes et l'on conçoit pourquoi les anciens avaient voulu tirer parti des deux Bomba. (1)

Rétablir une colonie dans l'île de Bomba, nous paraît la chose la plus convenable, surtout par l'ouverture du canal de Suez, le port de Malte n'étant pas assez vaste pour recevoir tous les navires qui auront besoin de s'y arrêter soit en allant, soit en venant du canal. Lors des tempêtes ce sera les empêcher d'aller périr dans le golfe de la Syrte.

Mais de quelle nation sera la colonie? C'est sur quoi l'on doit s'entendre ; s'il faut appeler des Arabes pour la culture des terres et favoriser les rapports avec le continent, les Européens y sont nécessaires pour les rapports avec les navigateurs de leur nation. Il est absolument

---

(1) Pacho dit, dans son enthousiasme pour ce pays, qu'on a retrouvé, dans les montagnes, le Silphium ; mais c'est contre l'assertion de Strabon qui rapporte les ordres donnés par les autorités pour la destruction de cette plante nuisible aux animaux qui en mangeaient. Guys père s'est rallié à cette assertion d'autant plus qu'il en fit chercher vainement. Mais s'il n'y a plus de Silphium, nous fumes parfumés sur la côte par la vapeur des plantes aromatiques qui nous venait de terre.

indispensable de détruire ce nid de pirates, car s'il s'en montre actuellement ils y seront en plus grand nombre lorsque la manche orientale de la Méditerranée sera traversée par de riches cargaisons allant et venant du canal de Suez.

L'Angleterre s'étant appropriée Aden et l'île de Périm pour la protection de son commerce dans la mer Rouge, une autre puissance peut aussi penser au sien dans la Méditerranée en jetant ses vues sur l'île de Bomba, qui n'est qu'un rocher, mais convenable à la navigation sous divers rapports.

Si l'on ne veut pas prendre possession de cette île au mode anglais, on pourrait traiter avec la Porte, puisqu'actuellement la Régence tripolitaine se trouve annexée à la Turquie. On pourrait agir pour soi, ou pour une compagnie. Ce point nous paraît surtout avantageux aux Messageries impériales, lorsque ses bateaux à vapeur vont sillonner en plus grand nombre dans la Méditerranée orientale, allant et venant du canal de Suez, dès qu'il sera ouvert à la navigation. Bomba serait un point de relâche et de dépôts pour tous les besoins des steamers.

Dans les avantages que présente ce port, il faut considérer celui des approvisionnements frais qu'on aura à bien moindre prix qu'à Malte, puisque cette ville tire ses subsistances en majeure partie de la Pentapole. Le vin seul ferait défaut, mais on le ferait venir à Bomba de Sicile et des îles ioniennes, comme cela se pratique à Malte. Les Arabes du continent quand ils sauront qu'il y a des Européens à Bomba, feront du vin, car la vigne abonde dans la Pentapole.

On peut aussi proposer à la Porte de faire habiter l'île de Bomba, de la fortifier et éclairer par des phares; mais elle reculera probablement devant les frais que ce dispositif demanderait.

On doit donc la porter à la céder, ou concéder, à une puissance, ou compagnie, qui rendrait son port ouvert à toutes les nations.

Pour purger la côte des forbans, il faudrait qu'il y eut à Bomba une petite marine militaire et ce serait bien le cas de placer dans cette île l'ordre de St-Jean de Jérusalem, qui depuis sa sortie de Malte attend une destination. Il serait chargé de maintenir la sécurité des mers environnantes. La Porte ne pourrait plus voir un ennemi dans l'ordre de St-Jean, puisqu'il n'aurait plus pour office que la protection de la navigation en détruisant la piraterie.

Par conséquent, ce mode deviendrait également avantageux aux batiments sous pavillon turc et des puissances barbaresques encore existantes. On devra lui faire comprendre la nécessité de prendre un parti pour l'île de Bomba et qu'il y va autant de son intérêt que de celui des puissances européennes. Les populations de cette contrée souffrent de l'état des choses et si le Gouvernement ottoman veut acquérir leur affection, il faut qu'il leur vienne en aide.

Voici ce que dit M. Pacho: s'étant arrêté quelque temps dans le golfe de Bomba, les habitants vinrent le voir et se plaignirent à lui des déprédations des Grecs. Les Arabes confondent les pirates avec les Grecs, mais il est bien certain que la majeure partie de ces forbans est de cette nation. (1) C'est donc une calamité pour le pays et on peut concevoir la satisfaction qu'éprouveront les Arabes du lieu lorsqu'ils verront des Européens établis dans l'île de Bomba avec les moyens d'extirper la piraterie de ces lieux, pour leur rendre la paix et la tranquillité.

Les Anglais se gardent bien de signaler les avantages que présente ce point, pour que Malte ne perde pas sa prépondérance dans cette partie de la Méditerranée.

Commerce de la Pentapole pays de Barcah.

Nous ajoutons la liste des produits de la Pentapole, pour donner une idée du commerce d'exportation qu'on peut faire avec cette contrée, ainsi que la liste des articles d'importation.

Exportation.

Huile d'olive, savon, céréales, légumes, sésame, maïs blanc et maïs jaune, laine, coton, riz, beurre, tabac, soie, safran, safranum, suif, séné et autres drogues, cire, miel, cuirs, peaux de chevaux, de bœufs, de moutons, d'agneaux, de chèvres, de tigres, poils de chameaux, ivoire, plumes d'autruches, soude, lin, chanvre, alizaris, dattes et autres fruits secs; fruits frais; oranges, citrons, limons doux, cédras, bananes, cannes à sucre, jujubes, pommes, poires, melons-jaunes, pastèques énormes, chevaux, bœufs, moutons, agneaux,

(1) Quand nous nous trouvions à Salonique, nous sumes que sur la côte de Théssalie, qui était devant nous, on faisait des armements mixtes ; c'est-à-dire chrétiens et musulmans, car les bandits s'unissent facilement.

chèvres, chevraux, baudets, gazelles, autruches, vieux cuivres, cornes, chiffons, bois, charbon, volaille de toute espèce, eau-de-fleurs-d'orangers, et de rose, etc.

Importation.

Draps londrins seconds de couleurs vives, soiries legères, rubans en soie de la largeur d'un doigt, galons en or de même largeur (1) cotonades, montres en argent à double caisse avec le cadran en chiffres arabes, fil d'or à coudre, aiguilles, quincaillerie, verrerie et fayences ordinaires, canons de fusils et de pistolets, café, sucre ordinaire, poivre, canelle, gerofle, cochenille, petits-miroirs de toilette et de poche en boite de laiton, verroterie de Venise, corail ouvré pour colliers et bracelets de femme; Fess (bonnets à la turque,) planches solives, poutres, papier épais jaunâtre pour écrire et papier ordinaire pour boutique, souffre, vitriol, arquifoux, alun, spartes, bois de campèche, fer, acier, plomb, cuivre, clinquant, boutons bombés en métal lustrés pour selles, vin, eau-de-vie, liqueurs, (2) etc.

On estime le commerce actuel de la Pentapole annuellement :

(1) Les femmes aisées portent des chemises dont les devants sont bariolés par des rubans de diverses couleurs placés et cousus verticalement. Le collet et l'ouverture sont garnis d'un galon en or, ou en soie. Un bouton en soie retient le collet.

(2) On nous a assuré que les Arabes ont commencé à faire usage des spiritueux.

Exportation. . . . . F. 3,500,000
Importation. 2,500,000

Ce qui donne un mouvement de. . . 6,000,000
Population. . . . . 300,000. âmes. (1)

Le peu de luxe qui existe dans le pays, provient de l'état agreste de ses habitants, hommes et femmes portent des baracans qui leur envelope tout le corps. Cette étoffe de laine en général est tissue sur le pays; il en est de même des baracans en soie pour les femmes aisées. On sait fabriquer tout ce qui se trouve nécessaire aux vêtements et ameublements. On pourra dans la suite leur donner du goût pour nos étoffes et autres articles quand il y aura plus de rapports entr'eux et les Européens.

Les Ben-Ghaziens, sont si bonnes gens qu'ils ont permis il y a quelques années aux RR. PP. Franciscains de s'établir à Ben-Ghazi. Un tableau de leur chapelle, représente le Cyrénien qui aida Jésus-Christ à porter sa croix. Lors de l'invasion des Arabes, les Chrétiens se refugièrent à Malte et en Sicile. Ceux qu'on voit aujourd'hui sur le pays sont des étrangers et surtout des Maltais dont le langage est le même que celui des régnicoles, ce qui facilite les rapports entre les deux nations. Le grand abord des barques et felouques maltaises dans le port de Ben-Ghazi, porta le Préfet de la mission à Tripoly de Barbarie, à établir une succursale de l'ordre à Ben-Ghazi pour administrer les secours de la religion aux Catholiques et en même temps les religieux qui s'y trouvent fournissent des remèdes gratuits aux indigènes pauvres, ce qui leur

(1) Non compris les Arabes nomades, ce qu'on ne peut évaluer.

attire beaucoup de considération de la part du peuple et des autorités locales. L'hospice est sous la protection de la France, comme dans toutes les autres échelles du Levant, d'après les capitulations.

Nécessité d'établir à l'île de Bomba le point intermédiaire, pour le cable électrique, de Malte à Alexandrie.

On annonce que le cable électrique de Malte à Alexandrie s'est brisé; qu'après l'avoir relevé des eaux, dans les environs de cette dernière ville, il a été trouvé intact; qu'on croyait que l'accident à pu avoir lieu à la hauteur de Ben-Ghazi.

En effet, le fond de la mer, près la côte, à partir de la partie occidentale de l'Egypte jusqu'au cap Razatin, est assez égal et plutôt sablonneux que rocailleux, ainsi que nous avons pu en juger nous mêmes en parcourant cette longue côte.

Tandis que du cap Razatin jusqu'à Malte, comme il faut traverser une mer profonde, d'un fond de roche et plein de sinuosités, le cable fatigue beaucoup, et on a pensé avec raison que le bris a dû avoir lieu dans cette partie de la mer.

Si le cable souffre dans la belle saison, il est bien plus exposé en hiver par les ouragans qui se déchainent dans le canal de Malte.

Mais comme on ne peut pas lui donner une autre direction plus avantageuse, il faudrait scinder ce cable. C'est-à-dire que le tronçon de Malte irait jusqu'à l'île de Bomba et que l'autre tronçon partirait de cette île et irait aboutir à Alexandrie.

Par ce moyen la branche de Malte aurait moins de tension et en cas d'événement on pourrait de suite reparer le mal, sans avoir besoin de parcourir toute la ligne actuelle pour trouver où est arrivé l'accident.

Quant au tronçon allant de Bomba à Alexandrie, comme il repose sur un bon lit, il ne donnera jamais du souci. Sur ce point le fonctionnement continuerait toujours. Il reprendrait avec Malte dès que le tronçon dans cette partie aurait été reparé.

On doit aujourd'hui avoir pris la voie de Constantinople puisqu'il existe actuellement, un cable sous-marin allant de cette ville aboutir à Alexandrie. Mais celui-ci prolonge les communications électriques de l'Egypte avec l'Occident.

La position de l'île de Bomba, pour point d'intersection entre Malte et Alexandrie, nous parait la plus convenable, car nous n'en voyons pas d'autre sur la longue côte lybienne dans l'Est.

Bomba deviendrait utile à la navigation et au cable électrique. C'est donc aussi sous ce point de vue qu'on devrait agir auprès de la Porte-Ottomane, pour l'engager à prendre un parti à l'égard de cette île. Il s'agirait de deux convenances pour le commerce de toutes les nations dans la Méditerranée orientale, en outre de pouvoir extirper la piraterie dans cette manche orientale.

Par l'ouverture du canal de Suez, le mouvement électrique va devenir plus actif, il faut donc lui trouver des lieux où il puisse s'installer de manière à ne pas rencontrer des entraves matériels, lorsque par une nouvelle disposition dans la pose du cable, on peut les éviter, ou du moins devenir rares.

Si certaine puissance a mis des obstacle au percement de l'Isthme de Suez, il faut espérer que les propositions qu'on peut faire pour réhabiliter l'île de Bomba, ne lui feront pas le même ombrage. La Porte doit reconnaitre qu'elle a pris des engagements en entrant dans la grande famille européenne et que ces engagements doivent la porter à faciliter le commerce de toutes les nations. Or, on ne lui demande rien au delà et plus les rapports deviendront fréquents, plus ils deviendront intimes entre l'Occident et l'Orient.

La puissance qui relevera Bomba en fera un port de commerce et non un Gibraltar, ni un Périm

Jacques Bonhomme refute la note du 6 avril d'Aali-Pacha, Minstre des affaires étrangers de la Turquie.

Il ne s'adresse pas à ce Ministre, mais à Lord Palmerston qu'il dénomme Grand-Visir et lui rappele toutes ses phrases humoristes, car il a toujours parlé par égoisme et jalousie pour l'ouverture du canal de Suez, qu'il considérait comme chimérique, tandis que c'est un œuvre gigantesque, il est vrai, mais qui sera très utile à tout le monde.

Finalement l'auteur lui dit : « Si vous ne redoutez pas » l'opinion publique, vous devez craindre Dieu et voici » ce que rappporte la bible : »

Aperire terram gentibus.

(*La Bible*)

Claudire mare gentibus.

(*Lord Palmerston.*)

Canal de Suez.

Comme nous nous sommes toujours occupés de l'Orient, nous avons été enthousiasmés de la haute conception, utile au commerce et à la civilisation, qui a guidé notre ancien et savant collègue, M. Ferdinand De Lesseps, à provoquer le rétablissement du Canal de Suez. Il trouva heureusement dans son ami un prince éclairé, dans la personne de S. A. Mohamed-Saïd, qui régnait alors en Egypte et donna promptement son consentement à cette grande œuvre, y voyant les moyens d'accroitre de nouveau la prospérité de son pays. Ce même esprit s'est retrouvé dans son frère qui lui a succédé, S. A. Ismaïl-Pacha dont la compagnie reçoit toute l'assistance qui peut dépendre de lui, pour que les travaux soient continués avec vigueur.

Une entreprise aussi gigantesque, que le percement de l'Isthme de Suez, est d'autant plus remarquable qu'il ne s'agissait plus, comme dans l'antiquité, de deux petits canaux allant aboutir au Nil, mais d'un grand canal direct, qui doit réunir les deux mers, sans coude, et propre aux bâtiments de toutes les portées.

L'annonce de ce vaste projet fut salué avec transport par l'Europe entière, si ce n'est par le gouvernement britannique, car la nation anglaise y prit part, c'était donc aller contre l'esprit du peuple anglais ; mais le Ministère conçut de la jalousie voyant pour promoteur un nom français.

On mit des oppositions auprès de la Porte ottomane et celle-ci par faiblesse refusa son adhésion *par écrit*, tout en reconnaissant les avantages que l'ouverture de ce canal devait procurer à la Turquie.

M. De Lesseps eut à lutter non seulement contre les entraves qu'il éprouvait à Constantinople, mais aussi en Egypte, car les agents anglais n'agissaient pas moins avec insistance et menaces auprès du gouvernement local. Mais Mahomed-Saïd fut toujours ferme dans ses résolutions et Ismaïl-Pacha n'a pas moins montré jusqu'à ce jour qu'il était dans les mêmes principes, les Vice-Rois d'Egypte agissant dans leurs droits depuis le traité de 1841.

S'il faut louer ces princes du maintien de leurs engagements, on doit aussi louer M. De Lesseps de son infatigable persévérance pour surmonter toutes les difficultés qu'il a rencontrées. Le gouvernement anglais s'est servi de tous les moyens pour empêcher les travaux et l'on conçoit combien la tache de M. De Lesseps a été pénible. Il paraît satisfait aujourd'hui, puisqu'il annonce dans un brillant discours tenu en dernier lieu à l'assemblée de MM. les actionnaires que le canal pourra être ouvert en novembre prochain.

La Porte, s'est, dit-on, rendue à la force des choses en s'écouant le joug de l'Angleterre. Quant aux conditions qu'elle y met, on les voit en rapport avec les intentions de M. De Lesseps lequel a toujours entendu être d'accord avec les autorités locales; le canal neutre est ouvert à toutes les nations.

La Porte devenue plus conciliante, ne sera pas moins portée, il faut l'espérer, à rendre l'île de Bomba encore hospitalière. C'est donc le moment de lui en faire la demande, sans plus de retard, car nous croyons avoir assez expliqué les raisons pour qu'on tire parti de cette ile.

En engageant l'honorable compagnie des Messageries impériales de songer à l'île de Bomba, pour la relâche de ses bateaux à vapeur, nous l'avons fait aussi comme la voyant liée aux intérêts du canal de Suez qu'on doit favoriser par tous les moyens possibles, lorsque ces établissements peuvent avoir besoin des ressources qu'offre la Pentapole.

Le canal de Suez va devenir la grande voie maritime pour communiquer avec toutes les parties du monde, et l'arsenal pour le service des steamers des Messageries impériales, qui iront y aboutir.

On peut dire que la première idée de l'ouverture de l'Isthme de Suez en vint, de nos jours, à Napoléon 1er, puisque lorsqu'il se trouvait en Egypte, il fit faire des études pour rétablir le canal dans ses vastes projets de changer la face du globe; mais ce qui n'a pu avoir lieu sous son règne a été reservé à celui de S. M. l'Empereur Napoléon III, nourri également des hautes pensées de son auguste et illustre oncle, dans un esprit de grandeur et de civilisation, ce qui rendra ce siècle bien mémorable.

Au moment où nous terminons l'article ci-dessus, nous avons appris, avec peine, le bruit qui s'est répandu, que la compagnie du canal de Suez éprouvait de nouvelles difficultés pour avoir des travailleurs en Egypte, afin d'achever la grande œuvre du percement de ce canal vivement désiré par le monde entier.

Nous qui connaissons parfaitement la Syrie et la Palestine, où règne un esprit d'indépendance parmi toutes les nations qui y habitent et l'amour du travail, nous ne pouvons qu'engager l'honorable et infatigable président de la compagnie, de se replier sur ces deux provinces, voisines du lieu des travaux et où il trouvera des hommes convenables dans les peuplades arabes, maronites et anssariés. Ce sont les meilleurs agriculteurs dans les deux provinces et qui seront très propres au service du creusement, étant robustes et pleins d'ardeur.

La Porte a déclaré qu'elle permettait les engagements volontaires. Il est donc à espérer qu'elle ne mettra point d'entrave aux enrolements qu'on peut faire en Syrie et en Palestine.

Le Mont-Liban peut fournir 10,000 travailleurs maronites, le District de Lattakié 3,000 Anssariés et la Palestine 7,000 Arabes. En tout 20,000. Il nous semble que ce chiffre pourrait être suffisant dans l'état avancé du canal. Les Maronites comme bons catholiques et attachés à la France seront les plus zélés et les plus dévoués. On pourra en envoyer au besoin sur les revers du Liban, où campent des Arabes dans un état paisible et qui s'engageront volontiers par les avantages qu'on leur fera. Les peuplades du pays de Cham ne sont pas fainéantes comme les Felahs égyptiens et nous croyons qu'on ne perdra rien au change.

En Syrie, comme en Palestine, on n'a point oublié l'avantage que le canal de Peluse procurait à ces deux provinces. C'était un passage continuel de caravanes, venant de l'intérieur de l'Asie et allant à Peluse pour en revenir pourvues d'objets des Indes orientales.

Les Khalifs, ayant voulu avantager Bagdad et Couffa leurs capitales, supprimèrent le canal de Peluse. Ce fut une ruine pour la Syrie et la Palestine et voilà comment une foule de villes anciennes ont disparu, et qu'il n'est resté debout que Damas et Alep, mais celles-ci n'ont plus brillé comme dans l'antiquité.

Nous pouvons attester que tous les Orientaux verront avec plaisir l'ouverture du canal de Suez : 1° Dans leur intérêt ; 2° Leur pays devenant un centre du monde. Devant l'opinion publique, en Turquie, la Porte et le Gouvernement égyptien doivent mettre de coté les conseils perfides qu'on leur donne et agir avec raison, surtout s'agissant d'un immense avantage pour la Turquie.

Nous rappelerons, puisque nous avons parlé de l'ancien et du nouveau canal, ce que nous avons dit dans notre histoire des Philistins qui occupaient la partie occidentale et la partie méridionale de la Palestine, qu'il existait dans l'ancien temps le torrent-Egyptis, ayant sa source dans les montagnes de la Judée et venant déboucher dans le golfe de Peluse. Cette rivière formait la délimitation entre la Palestine et l'Egypte. Il en est question dans l'Ecriture Sainte, mais sans qu'on entre dans des détails et nous n'avons pu en trouver dans les historiens.

Quand nous fumes à Jérusalem, nous questionames à ce sujet des Arabes instruits. Leur grand livre est la tradition et ils nous dirent :

» **Nahr-Masr** (c'est ainsi qu'ils dénomment dans leur
» langue le torrent-Egyptis) ne va plus se jeter dans le
» golfe de Tinch (Péluse) depuis bien des siècles ; il ge-
» nait le passage des armées et il fut comblé. La source
» existe encore dans les montagnes Lebenani. Les
» Arabes donnent le nom de Liban à toute la ligne de
» montagnes, depuis le Liban réel jusqu'aux monts qui

» aboutissent à la Mecque), mais ses eaux ont été dirigées
» vers les lacs amers où elles s'évaporent. »

Il serait, ce nous semble, convenable, ainsi que nous l'avons déjà proposé, de rendre au torrent-Egyptis son ancien cours pour se passer de l'eau bourbeuse du Nil et qui a d'autres désavantages. Cette mesure serait profitable non seulement à Port-Saïd et à ses environs, mais aussi à la Palestine qui manque d'eau dans le Midi. Nous avons pu juger de la bonté des terres en parcourant toute cette contrée. Aujourd'hui c'est dans le Nord qu'il y a le plus de culture y ayant de l'eau en abondance. C'est cette contrée qui fournit des primeurs en fruits et en herbages, à la Syrie et à l'Egypte.

Nous sommes à temps de rapporter dans notre ouvrage l'avis, qui nous vient de Constantinople, qu'enfin la Porte a ratifié la convention égyptienne, relative au canal de Suez, mais avec les rectifications suivantes :

1° Que pour terminer les travaux de ce canal il ne sera levé en Egypte que le nombre de Fellahs non nécessaires à l'agriculture et payés à raison d'un à deux francs ;

2° Que les terrains concédés le long du canal d'eau douce seront restitués et la compagnie du canal de Suez indemnisée ;

3° Neutralité du canal du Suez.

Pour le premier point, si l'on ne veut plus fournir à la compagnie un nombre suffisant de travailleurs, nous avons indiqué la Syrie et la Palestine comme pouvant y suppléer et surtout en prenant des Maronites qui ne demanderont pas mieux d'aller faire un service pour les Européens.

Quant au second article, la Porte s'appuie sur ce principe qu'il n'a jamais été permis aux Européens d'avoir des propriétés territoriales en Turquie, et ce qui le prouve, c'est le silence gardé à cet égard par les capitulations.

Les Européens qui voulurent avoir des maisons à eux pour les transformer à l'Européenne, ainsi que des campagnes, se servirent de Rayas pour prête-noms. On trouva un autre moyen pour s'installer sans recourir à des prête-noms, ce fut le mode le plus usité en Turquie, qui est de prendre un immeuble en hypothèque dit Rakhabé sur le pays.

Le Coran ne mettant aucune exception, ce fut un pur caprice du gouvernement d'exclure les Européens d'avoir des propriétés en Turquie. Cette mesure fut rejetée en Egypte même avant le règne de Mehemet-Ali, ce qui y avait constitué l'Hadet (usage) et voilà comment Mohamet-Saïd-Pacha conceda à la compagnie du canal de Suez les terrains qui lui étaient nécessaires pour pourvoir aux subsistances des travailleurs et des villes et villages qu'on devait fonder. Là dessus la compagnie pourra s'entendre avec Ismaïl-Pacha qui est le véritable souverain de l'Egypte d'après le traité de 1841.

Quant au troisième point, la compagnie par sa constitution d'être universelle, a toujours entendu que le canal serait neutre.

L'ouverture de ce canal touchant à la fin, car il faut espérer qu'il n'y aura plus d'entraves, c'est une grande nouvelle pour le monde entier.

Marseille y voit un surcroit de prospérité, se trouvant placée comme un centre, entre l'Occident et l'Orient.

Mais voilà que les Italiens la menacent de la supplanter, présentant l'Italie méridionale comme point plus avancé vers le canal de Suez, qui fixe aujourd'hui leur attention. Que pour faciliter les rapports sur le continent, on va établir des chemins de fer jusqu'à l'extrémité de la Péninsule et restaurer, ou créer, des ports dans cette partie. On leur observe qu'ils parlent de travaux encore en *projet* et que lorsqu'on commencera à les éxécuter, il faudra bien du temps pour les terminer, sans compter les commotions qu'éprouve encore l'Italie méridionale.

Marseille a acquis sa suprématie commerciale dans la Méditerranée depuis déjà des siècles, par sa position et les ressources qu'elle présente. (1) Dès lors il ne sera pas facile à l'Italie de lui enlever de pareils avantages, même quand le bon ordre sera rétabli dans toute la Péninsule.

On annonce aussi que le cable sous-marin entre Malte et Alexandrie a été reparé, le dommage ayant eu lieu à la hauteur de Ben-Ghazi, comme on s'y attendait, par le fond rocailleux dans cette partie de la mer et qu'il a été rendu à son service. Mais l'accident pouvant se renouveller dans le bassin qu'on nomme les eaux de Malte, nous ne pouvons que réitérer notre proposition de scinder le cable à l'ile de Bomba pour l'alléger dans son extrême longueur et faciliter la recherche des points, où peuvent se produire de nouvelles ruptures qui deviendront plus rares lorsque le cable se trouvera divisé en deux branches.

(1) Comme on nous le disait à Paris : « Marseille est devenue » la première échelle du Levant et la reine de la Méditerranée. »

— 52 —

La Porte étant devenue raisonnable pour l'achèvement du canal de Suez, ne fera pas de difficulté, il faut le croire, à accorder au commerce européen dans la Méditerranée, l'île de Bomba qui lui devient nécessaire à tous égards.

Conclusion.

Les circonstances deviennent si impérieuses, qu'on ne peut laisser une partie de la côte de la Barbarie dans l'état d'abandon ou elle se trouve par l'inertie, soit de l'ancien gouvernement, soit du nouveau, du moins pour réhabiliter les ports dans cette partie nécessaires à la navigation dans la Méditerranée orientale.

La création du canal de Suez va faire jouer un rôle important à cette mer, qui va être sillonnée par des flottes de navires marchands allant et venant de ce canal.

Il y a donc nécessité et urgence pour que sur la longue côte Lybienne, le port de l'île de Bomba et le golfe de Bomba soient rendus à la navigation.

En outre de cet avantage, ce sera rétablit les relations commerciales avec la Pentapole, aujourd'hui pays du Barcah et on n'a qu'à lire les auteurs anciens pour connaître la prospérité dont jouissait cette contrée et qu'on peut faire revivre.

Il sera d'autant plus facile de s'entendre avec les indigènes, que leur caractère est doux, sauf une tribu qui est campée au fond du golfe de la Syrte ; mais quand les Européens se répandront dans la Pentapole, on pourra la rendre humaine, puisqu'on peut apprivoiser des bêtes féroces. Les rapports entre les Européens et les

Africains du Nord ne peuvent, avec le temps, que les civiliser et l'œuvre de civilisation aura été completée dans la Méditerranée.

Nous avons eu occasion de parler en dernier lieu à de nos capitaines qui ont été à l'île de Bomba, tous ont été de l'avis de voir régénérer son port.

En le rendant au commerce, ce sera extirper ce foyer de pirates provenant de l'Archipel, qui en fut depuis les Peslages une grande pépinière. On devra donc prendre aussi des mesures efficaces dans cette contrée, pour que dans toutes les mers de l'Orient on puisse naviguer avec securité.

Nous nous flattons qu'on approuvera assez les renseignements que nous fournissons, pour qu'on s'occupe de porter remède aux plaies de la Méditerranée que nous signalons avec franchise en praticien des lieux et des choses. Quand on aura purgé la mer orientale des forbans, on pourra y naviguer comme sur une rivière.

Il appartient à la France de resoudre les questions que nous avons posées, elle qui met toute sa gloire à travailler à la civilisation, au bien du commerce et de l'humanité.

TABLE DES MATIÈRES.

                                                  Pag.

Préface 5

Les Iles de Bomba et Plate. — Le Golfe de Bomba 13

Extrait du manuscrit de Guys père. 13

Continuation du même sujet, par son fils ainé. —Voyage sur la côte de l'Est et sur celle de l'Ouest de la Régence Tripolitaine 21

Episode du Voyage jusqu'au cap Razatin, ... 26

Moyens pour régénérer l'Ile de Bomba 32

Commerce de la Pentapole, pays de Barcah 38

Nécessité d'établir à l'Ile de Bomba le point intermédiaire pour le Cable Électrique de Malte à Alexandrie 41

Canal de Suez 44

Conclusion 52

OUVRAGES PUBLIÉS

PAR L'AUTEUR.

1. Les PHILISTINS, Colonie grecque établie en Palestine, 1 vol. in-8°.
2. CONSIDÉRATIONS sur les peuples de l'Orient, 1 vol. in-8°.
3. Le GUIDE de la MACÉDOINE, 1 vol. in-8°.
4. De la CULTURE des TABACS en TURQUIE, 1 vol. in-8°.
5. ESQUISSE sur L'ILE de SARDAIGNE, 1 vol. in-8°.
6. Des ILES de BOMBA et PLATE. — Le GOLFE de BOMBA et ses environs, avec la relation d'un voyage sur la côte de l'Est et sur celle de l'Ouest de la Régence Tripolitaine, 1 vol. in-8°.

ON TROUVERA CES OUVRAGES

A PARIS,

Chez M. Benjamin Duprat, Libraire,
7, rue du Cloître-St-Benoit.

A MARSEILLE,

Chez Mme Ve Olive, Libraire,
68, rue Paradis.

et chez MM. Camoin frères, Libraires,
4, rue St-Ferréol.

Notices de l'auteur insérées dans les publications d'ouvrages par la Société de Géographie : la France littéraire, le Congrès scientifique de France et la Revue de l'Orient.

I.

Relation du Tremblement de Terre, qui bouleversa la Haute Syrie, en août 1822.

La Société de Géographie, T. I, page 304 et suivantes.

II.

Damas et ses sept Fleuves. La France littéraire, T. VIII, page 63 et suivantes. — 1833.

III.

Les Cédus du Liban. La France littéraire T. IX, page 96 et suivantes. — 1833.

IV.

Les Chévras aux dents dorées du Liban.

Congrès scientifique de France tenu à Marseille, en 1846, T. I, page 174 et suivantes—avec planche.

V.

Considérations sur les Maronites et sur les Druses.

La *Revue de l'Orient*—Bulletin IX et X, octobre et novembre 1858, page 222 et suivantes.

Errata.

Page 21, Note, au lieu d'écumeurs de mer, lisez : Ecumeurs *des mers*.

Page 24, ligne 4, au lieu les sables de la Lybie échauffées, lisez : les sables de la Lybie *échauffés*.

Page 33, ligne 4, au lieu nécessaires à la nouvelle colonie, lisez : nécessaire à *une* nouvelle colonie.

Marseille. — Typographie-Roux, rue Montgrand, 13.

www.ingramcontent.com/pod-product-compliance
Lightning Source LLC
LaVergne TN
LVHW021700080426
835510LV00011B/1499